LETTRE

TROUVÉE

A LA PORTE D'UNE CASERNE

PAR P. JOIGNEAUX

Auteur des *Lettres d'un Paysan*.

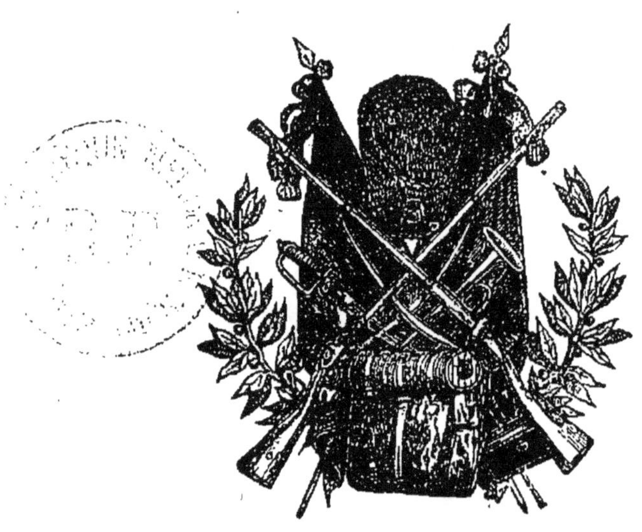

PARIS

AU BUREAU DE LA PROPAGANDE DÉMOCRATIQUE ET SOCIALE
RUE DES BONS-ENFANTS, 1.

LETTRE

A LA PORTE D'UNE CASERNE

PAR P. JOIGNEAUX
AUTEUR DES LETTRES D'UN PAYSAN.

—o⊙o—

Ferme de Sainte-Colombe, le 28 mars 1849.

MON GARÇON,

J'ai reçu ta lettre en date du 25 du présent mois. Ça nous a fait plaisir à tous, à ta mère, à ta sœur, à ton frère et à ton cousin Guillaume, qui se trouvait là en même temps que le piéton, d'apprendre que tu te portes bien et que tu viens d'être nommé caporal. Maintenant que les lettres ne coûtent que quatre sous, écris-nous tous les quinze jours; touche-moi deux mots des affaires du pays. Tout vieux que je suis, ça me fait du bien, ça me réchauffe un peu.

Je m'abonnerais bien à un journal de Paris ; en nous cotisant à sept ou huit républicains que nous sommes ici, ce ne serait pas la mer à boire ; mais le propriétaire, qui est un modéré à faire peur, pourrait me jouer un tour de sa façon. Tu sais que nous serons à fin de bail à la Saint-Georges. S'il ne voulait pas renouveler, il faudrait quitter le pays et chercher une ferme ailleurs pour établir ton frère. Tu comprends qu'à mon âge ce serait dur. Je n'ai plus que quelques années à vivre, et, je ne te le cache pas, ça me ferait de la peine d'aller mourir ailleurs qu'ici et de savoir qu'on ne m'enterrerait pas à côté des camarades qui ont été plus pressés que moi de partir.

Aussi j'attendrai le renouvellement du bail, et, après, je m'abonnerai à quelque feuille. En attendant, donne-moi des nouvelles, tiens-moi au courant de ce qui se passe.

Tu te plains de la République, parce que le

service de la place est rude. La belle affaire ; ma foi! sous l'ancienne, on en a bien vu d'autres. Ne t'avise pas de retourner ton habit, mon garçon ; ne te laisse pas enjôler par les royalistes, car je te renoncerais, aussi vrai qu'il n'y a qu'un Dieu. Ecoute-moi, je les connais.

Quand ils ont le dessous, ils sont gentils, ils promettent plus de beurre que de pain ; mais quand ils sont forts, ce n'est plus cela. En 93, je le tiens de mon pauvre père qui était grenadier de la République, il y avait des nobles et des curés qui disaient aux Vendéens : «N'ayez pas peur, battez-vous, les balles des bleus ne vous feront pas de mal ; si elles vous tuent, n'y faites pas attention, vous ressusciterez dans trois jours. » Voilà comment on trompait les paysans.

En 1814, en 1815, quand ils sont revenus, ils nous promettaient encore de belles choses, ils juraient de nous ôter les gabelous, de protéger nos propriétés, de diminuer nos impôts. Ça n'a pas empêché les Autrichiens, les Prussiens, les Russes, les Cosaques, tout le tremblement, de tomber chez nous comme la misère sur le pauvre monde, de manger nos vaches, d'éreinter nos chevaux avec les réquisitions, de plumer nos poules et de schlaguer les gens quand on n'avait pas l'air content.

Moi qui t'écris, mon garçon, j'en ai craché le sang pendant huit jours.

Les royalistes appelaient ces coquins-là leurs amis, et c'était si vrai, que j'ai vu condamner mon voisin, le père Simon que tu as connu, parce qu'il leur avait manqué de respect en appelant *Cosaque* son gros cheval gris, une bonne bête, ma foi! puisque, à 15 ans, c'était encore la meilleure de son écurie, quoique aveugle.

Nous autres, mon garçon, nous étions alors

bonapartistes. Les royalistes de ce temps-là ne nous ménageaient pas plus qu'ils ne ménagent aujourd'hui les vrais républicains. Ils appelaient l'empereur un crocodile, un ogre, et nous les brigands de la Loire. Tu le vois, mon garçon, ce n'est pas d'hier qu'ils sont honnêtes et modérés, et que leurs ennemis sont des gens à pendre. C'était déjà comme cela sous Louis XVIII.

Aussi, vois-tu, je deviens triste quand je songe que le président de la République trinque avec des gens qui agonisaient son oncle, et leur donne des poignées de main. C'est trop fort. Je ne suis pas méchant, mais je ne comprends pas que l'on couche avec des individus comme cela. Mille tonnerres! on a du cœur au ventre ou on n'en a pas.

Rappelle-toi, mon garçon, ce qu'on dit chez nous : « Bon chien chasse de race, autrement c'est une câgne. » Je te conte cela dans le tuyau de l'oreille, entends-tu bien ; ne montre pas ma lettre, elle pourrait nuire à ton avancement.

Mais je m'aperçois que je cours les champs comme une grive qui a bu. Tout à l'heure, je te disais qu'à la Restauration les royalistes nous avaient fait un tas de promesses, et, entre autres, celle de diminuer les impôts. Nous avons eu la bêtise de mordre à l'hameçon, et, au lieu de nous donner une diminution, ils nous ont pris un milliard pour indemniser les émigrés, ceux qui avaient porté les armes contre la France. Nous qui les avions portées contre l'ennemi, on ne nous a pas indemnisés de ce que les Cosaques nous ont pillé.

Je te le répète, mon garçon, ne te laisse pas enjôler par les royalistes ; fais comme moi, ne les écoute pas.

Quand ils me disent : Nous sommes des républicains honnêtes et modérés, je leur réponds : Citoyens, vous me prenez pour un autre ; je connais votre modération ; je me rappelle l'assassinat de Brune et de Ramel ; c'est vous aussi qui avez fait fusiller Ney et guillotiner les sergents de la Rochelle.

Quand ils me disent : Les républicains de la veille sont des rouges, des brigands, je leur réponds : Citoyens, vous me servez du réchauffé ; il y a près de quarante ans que vous traitez ainsi tous les patriotes ; c'est bon à dire aux vieilles femmes et aux enfants.

Quand ils me disent : Ce sont des *partageux* ; ils veulent s'emparer de la terre et la diviser en portions égales ; je leur réponds : Citoyens, quand vous m'aurez prouvé que c'est possible, je vous croirai ; mais, en attendant, bonsoir la compagnie.

Je les connais, entends-tu bien ; ce sont des renards qui prennent tous les chemins pour arriver, et comme la République leur coupe l'herbe sous le pied, il n'y a sorte d'inventions qu'ils ne trouvent pour lui faire du mal. Ainsi, je m'attends encore à quelque mauvais tour deux ou trois jours avant les élections du 13 mai ; on voudra faire peur aux citoyens des campagnes ; on leur jettera une fausse nouvelle, une vilenie, un traquenard de police. Souviens-toi, mon garçon, de ce que je te dis là.

Dans ta lettre du 25 tu me parles de gens qui rêvent l'empire. Ça rappelle la gloire, j'en conviens, et ça flatte le soldat ; mais, mon ami, l'empire sans l'empereur, sans celui de l'île d'Elbe, ce serait un civet sans lièvre. Tant vaut l'homme, tant vaut la chose ; tant vaut l'ouvrier, tant vaut l'outil. On nous dit quelquefois en parlant de Louis Bonaparte : Ah ! s'il était le maître, ça irait bien autrement. Ce n'est pas à de vieux routiers comme moi que l'on devrait conter cela, car je réponds : Il est le maître de choisir un bon ministère, pourquoi en garde-t-il un mauvais?

Méfie-toi, mon garçon, méfie-toi, et tiens bon pour la République. Il n'y a pas de bâtards sous ce gouvernement-là ; le pauvre est électeur comme le riche. Avec une royauté ou un empire, ce qui est la même chose, adieu le suffrage universel. Ce sont deux animaux qui ne peuvent pas vivre dans la même mangeoire.

La République, c'est le gouvernement de tout le monde, du particulier qui n'a pas le sou, comme de celui qui ne manque de rien. Ton vote vaut celui de ton général, ni plus ni moins. Sans la République tu ne serais pas électeur, ni moi non plus ; avec elle, si tu te comportes bien, si tu as du cœur, tu peux devenir représentant du peuple, tout comme le citoyen Bugeaud ou le citoyen Changarnier.

Pourquoi pas? est-ce qu'ils ne sont pas ainsi que toi faits de chair et d'os? Est-ce qu'ils sont plus grands seigneurs que nous?

Le service de la place de Paris est rude, je le sais bien; tu ne dors pas là toutes tes nuits pleines, je le sais bien encore; mais, mon garçon, ce n'est pas la faute de la République, c'est celle des royalistes qui entreprennent coquinerie sur coquinerie pour empêcher les choses d'aller. Hier, ils annonçaient une émeute parce qu'ils ont besoin d'en avoir une pour se tirer d'embarras. C'est un moyen de consigner les troupes, d'augmenter les patrouilles, de vexer le soldat, de lui remuer la bile contre la République et de monter la tête au boutiquier, qui n'y voit que du feu. Aujourd'hui, ils annoncent d'autres mensonges pour effrayer les imbéciles; demain ils chanteront encore la même gamme.

Ce que nous avons, mon garçon, ce n'est

pas la vraie République; ce n'en est que la première roue.

Si le caporal d'ordinaire disait au cuisinier : Camarade, voilà des lapins pris sur l'ennemi, avec cela fais-moi un civet; le cuisinier répondrait : Impossible, caporal, je ne peux vous faire avec cela qu'une gibelotte; c'est à prendre ou à laisser.

Quand le président nous dit : Voilà un ministère où il y a de l'avocat, du jésuite, de l'économiste et pas un démocrate, avec cela faites-moi une République; nous sommes en droit de lui répondre : Impossible, citoyen Président, on ne peut faire que du gâchis; c'est aussi à prendre ou à laisser. On nous assure que si vous étiez le maître, vous feriez tomber du ciel des alouettes toutes rôties; commencez donc par changer votre ministère et nous prendrons patience en attendant les alouettes.

Je voudrais continuer ma lettre, mais le tremblement me gagne; c'est comme si j'avais la fièvre ou le choléra. Imagine-toi que les gros du pays annoncent déjà, en se frottant les mains, que les Piémontais viennent de recevoir une volée et que les Autrichiens s'approchent de nos frontières. Je n'y tiens plus, je laisse la plume. Ah! du temps de l'autre, ça ne se serait pas passé comme cela!

Au revoir, mon garçon; je t'envoie cent sous par la poste; ce n'est guère, mais c'est assez pour boire avec les camarades à l'avenir de la République, de la vraie, entends-tu bien, de celle qui ne souffrirait pas qu'on tordît le cou aux Italiens.

Ton vieux père,

NICOLAS M***.

Typ. de H. V. DE SURCY et Cᵉ, rue de Sèvres, 37.